Simon Wagner

AF670880

50 Nachtgedanken

FSC
www.fsc.org
MIX
Papier aus verantwortungsvollen Quellen
Paper from responsible sources
FSC® C105338

Bibliografische Information der Deutschen Nationalbibliothek:
Die Deutsche Nationalbibliothek verzeichnet diese Publikation in der Deutschen Nationalbibliografie; detaillierte bibliografische Daten sind im Internet über dnb.dnb.de abrufbar.

© 2024 Simon Wagner

Design und Layout:
Leonie Probost

Verlag: BoD • Books on Demand GmbH, In de Tarpen 42, 22848 Norderstedt
Druck: Libri Plureos GmbH, Friedensallee 273, 22763 Hamburg

ISBN: 978-3-7583-8268-0

Für Paddy,
die so viele Nachtgedanken mit mir teilte, wenn sie
mir allein zu schwer waren.

Der Lauf

Laufe, lauf zum Takt der Peitsche.
Lauf, oh laufe immer weiter.
Lauf, oh lauf, so muss es sein.
Lauf, oh lauf im Feuerschein.

Wo nagend ziehen die Gedanken,
finst‘ren Schreckgespenstern gleich,
beginnt gerahmt von Dornenranken
mein mir eig‘nes düst‘res Reich.

Laufe, lauf, trotz deiner Qual.
Lauf, oh laufe in das Tal.
Lauf, oh lauf, du bist allein.
Lauf, oh lauf fern von daheim.

Wer mag dies düst‘re Reich betreten?
Wer wagt es, wer besitzt den Mut?
Ungefragt, nicht ungebeten,
tut mir jeder Mensch hier gut.

Laufe, lauf davon von Liebe.
Lauf, oh laufe weg vom Glück.
Lauf, oh lauf hin zu dem Siege.
Lauf, oh lauf, kehr nie zurück.

Nichtig und klein wirkt alles von oben. Hoch, erhaben über den Dächern der Menschen sitzt er im Abendrot. Wonach sucht er in der Höhe? Der Stein, auf dem er sitzt ist so fest und unerschütterlich, wie der starre Blick in die Ferne.
Wie Wurzeln graben sich die Füße in den
Boden, doch die Seele fliegt mit den Vögeln davon.
Was sucht er immer wieder auf den Bergen?
Den weiten Blick auf den Weg vor ihm?
Die Einkehr und den Frieden jenseits der
Schatten, die in der Tiefe warten?
Oder doch die Nähe zum Abgrund, der grausigen Gefahr bewusst, wohlwissend der Stärke ihr zu trotzen?
Niemand kann es sagen. Die Sonne verschwindet hinter dem Horizont. Ein Tag geht zu Ende. Die Lichter der Nacht erhellen bald den
Himmel und er steigt zurück ins Tal.

Ein Ort voll Erinnerung.
Voller Gefühle.
So schön, wie fremd, in mancher Stunde einsamen Glücks. Abendstille legt sich über das weite Land.
Glücklich der, der seinen Gedanken Flügel geschenkt hat, um sie auf die Reise zu schicken. Mögen sie ihr Ziel erreichen und Glück und Wärme teilen.
Rot, wie ein Feuer am Horizont versinkt die Sonne hinter dem Berg. Die Nachtigall in den Bäumen, die Frösche im Weiher und die Grillen in den duftenden Wiesen erheben die Stimmen zum abendlichen Konzert.
Lasst sie das Lied vom Sommer singen! Das Lied der Freiheit und der Sehnsucht erfüllt die Nacht.
Und mit ihm liegt in der Luft ein Hauch von Ewigkeit.

Augen und Mund schließen sich zu einem
Lächeln zusammen.
Wie auch nicht, im Kreise der Freunde, wo Lachen, Bier und Musik allen Grund zur Freude geben? Nach einem erfolgreichen Tag voller Arbeit und doch ohne Last, wer würde sich nicht niederlassen und versinken in diesen schönen Stunden?
Doch der Schein trügt. Das Lächeln, so echt es auch ist,
der Moment, so schön er auch ist,
kann nicht den Sturm vertreiben, der im
Inneren tobt.
Die Gedanken streichen über verheertes Land, voll Sorge und Zweifel.
Sie sind auf der Suche nach dem Herzen,
das gestohlen, verzweifelt, verirrt den Weg
zurück nicht findet. Es will Gast sein, auf dem Fest der Freude, die hier lebt und einlädt zu
verweilen.
Sein Weg ist weit, doch die Zeit wird kommen, da es einkehren wird, voll Dankbarkeit und Freude in den Schoß der Geborgenheit des Lächelns.
Des Lächelns des wahren Glücks.

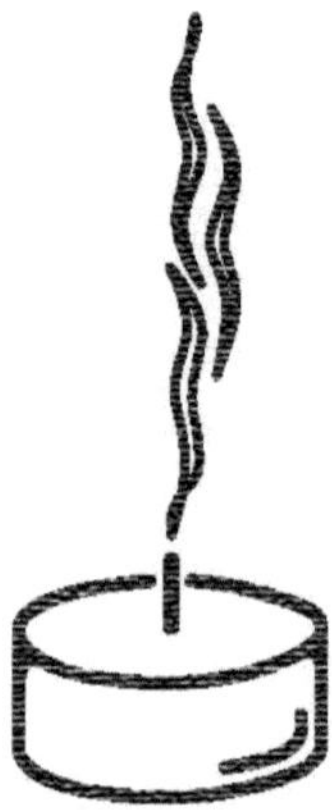

Die Stärke des Herzens ist es, Schwäche gewähren zu lassen. Doch was ist diese kleine Stärke des Herzens gegen die Waffen und Mauern der Stärke von Seele und Körper? Diese Mauern, die alles abwehren, was das Innere bedroht, beständig im Angesicht des Feindes, doch starr und kalt.
Diese Mauern, die errichtet wurden, das Herz zu schützen und es nun wie einen Feind behandeln, ist es doch das Herz selbst, das nun Leid bringen will in die Festung. Und ist es kein Bürger dieser Mauern mehr, selbst gebaut, geschützt wird es davor zugrunde gehen.

Lustig dreht sich das Karussell auf dem Jahrmarkt. Auf und nieder hüpfen die Figuren. Im Takt der Musik tanzen sie ihren Reigen.
Die Fahrt auf dem weißen Kutschpferd oder dem roten Wagen inmitten der frohen Klänge des Marktes beginnt. Immer schneller zieht die Welt an dir vorüber, du kannst sie nicht aufhalten, gefangen im ewigen Kreis. Den vorgegebenen Bahnen zum Trotz willst du fliehen, dein Pferd zum Horizont lenken, doch du bist ihnen erlegen.
Grausig dreht sich das Karussell auf dem Jahrmarkt. Auf und nieder hüpfen die Figuren. Bis die Fahrt zu Ende ist.

Es ist der Geist, der sich den Körper baut.
Und ist der Geist verschlossen, was kann er anderes als kalte Gitter und grausame Mauern bauen?
Ein Gefängnis aus Fleisch und Blut, errichtet um den einst frohen Geist einzuschließen, ihn einzupassen in Formen, die er selbst nie gewählt hat. Ihn zu biegen und zu brechen.
Ein Gefängnis, das ihm gebietet, zu tun, was ihm doch widerstrebt, ein Gefängnis, das ihn zu einem Gefangenen seiner selbst macht.
Auszubrechen und zu fliehen ist sein Sinn. Auszubrechen und zu fliehen, aus den Mauern, die ihn zwingen. Auszubrechen und zu fliehen, ins Ungewisse, in die Freiheit und ins Glück.

„Warum siehst du immer in den Sternenhimmel?“ fragen sie mich.
Er ist wunderschön. Und so unendlich. Ich kann mich vergessen und verlieren in der Lichtjahre entfernten, glitzernden und blinkenden
Unendlichkeit. Wohlwissend, dass es auch
auf der Erde wundervolle Dinge gibt. Doch sie sind endlich.
So greife ich nach den Sternen und weiß, dass ich ins Leere greife.
So fliegen meine leisen Worte mit dem Wind und ich weiß, dass sie nie gehört werden.
So suche ich nach Unendlichkeit und bin doch hier gefangen.

Am Ende wird alles gut, sagen sie. Am Ende kommt das Ende, sage ich.
Doch wer kann sagen, was das Ende bringt? Wann das Ende ist? Oder überhaupt was es ist? Das Ende eines Abschnitts? Einer Zeit? Einer Beziehung? Des Lebens? Und ist dann, wie viele behaupten, jedes Ende auch ein Anfang?
Niemand kann es sagen, weil niemand es weiß. Und niemand sollte an ein Ende denken, solange es ein „jetzt“ gibt.
Und wenn es ein Ende gibt, soll es so sein.
Was man daraus macht, liegt in der Hand
jedes Einzelnen. Jeder kann träumen, tun
und kämpfen.
Jetzt sage ich: Am Ende wird alles gut, am Ende ist alles vorbei. Am Ende habe ich im Jetzt gelebt.

So suchte sie das Wasser, ich den Berg.
Die Wege trennten sich. Beide suchten wir unseren Weg und sagten am Scheideweg Lebewohl.
Mein Weg führt in die verheißungsvolle Freiheit, die die Höhe mir bietet, doch wie so oft bleiben meine Gedanken im Tal. Ihnen zu entfliehen verbietet das Herz, so oft verletzt und dennoch so stark.
Doch der Geist mahnt, wohl wissend, dass die Stärke sie zu stellen noch nicht ganz entstiegen ist aus der Asche meiner Liebe am Scheideweg. Mir meines Weges doch so sicher, nagen Zweifel an mir. Und meine Gedanken, auf der Suche nach ihr, nähren sich von ihnen.
Und ich weiß: Vollkommen mag mein Glück sein, an dem Tag, da der Phönix meiner Stärke sich zum Kampf stellt, Feuer des Sieges mit seinem Atem entzündet und den Berg zur Burg macht.

Wut keimt auf. Unbändige, schreckliche, wilde Wut. Zerstörerisch und wild. Und sie kommt nicht allein.
Furcht folgt ihr auf dem Fuße. Nicht minder schrecklich, doch nicht wild und flammend, düster und kalt.
Und dann folgt der Hass. Das schrecklichste der Gefühle. Heiß wie die Wut und düster wie die Furcht, giert er nach Vernichtung allein. Wie drei Rosse, zur Schlacht gepeitscht, trampeln sie nieder, was im Wege steht und hinterlassen nur Leid und Pein.
Doch im ersten Grau stellt Hoffnung sich zum Kampfe, Liebe und Zuversicht reihen sich ein. Jeder kennt diese Schlacht im inneren.
Jeder kann sich entscheiden, für welche Seite er da Schwerter zieht.

Schwarzes Licht durchflutet die Welt. Sturm peitscht die Bäume.

Eine Feder aus Engelsflügeln gerissen, wird erfasst und davongetragen. Ein Traum stirbt im Kuss des Lichts.

Schaurig ist der Ruf der siebenäugigen Eule, doch ihr Lied ist wohlbekannt. Eine Tür fällt zu.

Ein Lachen.

Ein Weinen.

Ein kalter Schrei.

Der wilde Tanz von Liebe und Hass, Angst und Hoffnung, Qual und Heilung, Glück und Leid beginnt wieder und dreht sich zum Klang der Trommeln wild, düster, unnahbar und unaufhörlich im Kreis.

Doch man muss ihn nicht fürchten. Denn ist das Licht auch schwarz ist es doch keine Dunkelheit.

Das Lied klingt schwer und düster. Die Scheibe beschlägt. Die Hitze ist außen und innen ist Eis. Es hält den Stuhl mit drei Beinen am Boden, vergessen, verstaubt und allein. Balken ächzen, Ratten fliehen.
Das Haus ist stark, doch stark allein.
Das Haus ist stark, wie stark muss es sein?
Der Stuhl fällt, gefolgt von Tisch und Schrank und Hocker. Das Eis schmilzt und das Schmelzwasser wäscht den Staub fort. Einzelne Flammen züngeln ins Haus, wenn es zu viele werden wird es verbrennen, wie es in den Klauen der Kälte lag.
Das Lied klingt schwer und düster. Kälte zu Wärme und beides zum Tod.

Schatten jagen sich über die Wände, genährt von Zweifeln und der Kraft ihres Trägers.
Wie erlangten sie die Macht vor mir Gestalt anzunehmen?
Ich bin nicht unglücklich. Ich habe stets genug und gut zu essen. Ein Dach über dem Kopf und ein Bett. Träume und Visionen, Menschen, die daran glauben und mir helfen. Ich brauche nichts zu fürchten.
Und doch, mich selbst und meine Gedanken fürchte ich. Und doch, zu meinem Glück fehlt noch etwas. Aber spreche ich es aus, wohlwissend, dass ich es nicht erlangen kann, gewinnen die Schatten Macht, und ihr dunkler Tanz wird stärker. Und achte ich nicht auf meine Gedanken, werden sie ihnen Untertan.

Wann wurden die schönsten Stunden zu einem zwielichtigen, grauen Traum?
Zu schmerzhafter Erinnerung an schöne Tage? Wann welkten die Rosen?
Wann brach der Ast am Lebensbaum?
Wann wurden die kleinen Dinge, die einst Sehnsucht und Freude brachten und die Liebe schürten böse Geister, Schmerz und Wut säend, und Tränen aus Kelchen trinkend?
Wann wurde Wiedersehensfreude Angst?
Wann war der Tag, an dem die Flammen zischend gelöscht wurden?
Und wann kommt der Tag, an dem die Glut erstickt?

Eiskristallblüte.
Schön, zart, anmutig, kalt und hart. Wie lange hängst du schon hier an deinem verbogen, erkaltet, verhärteten Stiel?
Wie trägst du das Gewicht des Eises an zarten Blütenblättern. Das Heulen im Wind.
Schaurig schön wiederhallt es von den scharfen Hängen dunkler Berge.
Ist es die schwarze Eule, die von Unheil klagt? Ein einsamer, weißer Wolf, gierig, mit rotem Fang?
Oder sind es entrissene Seelen, wie deine, deren Heulen und Kreischen die Nacht erfüllt?
Du zarte, kalte Schönheit, gefroren zwischen Dämonen und kalten Mächten in diesem dunklen Tal. Du konntest hier nicht bestehen.
Du bist tot.
Und doch wunderschön.

Mit den Freunden vereint sitze ich auf der Wiese. Musik und Lachen erfüllen die Luft. Doch mein Blick schweift ab.
Ich schaue den Vögeln nach. Alle sind sie wunderschön, wie sie ihre Bahnen ziehen, dem Erdenleid entfliehen und das Himmelsgestirn erstürmen.
Mein Blick bleibt haften. Ein kleiner, unscheinbarer Vogel, so wenig farbig wie anmutig und doch wunderschön sitzt an meiner Seite.
Mögen noch so viele Vögel, farbenfroh und lieblich vor mir fliegen, so werden sie doch nicht lange meinen Sinn erhellen.
Der kleine Vogel fliegt davon. Mein Geist kehrt zur Musik zurück, doch mein Herz fliegt mit dem kleinen Vogel.

Die Segel sind vom Wind gebläht, im Rücken steht guter Wind. Die Taue und Leinen sind neu, der Rumpf frisch ausgebessert, nach Stürmen und Kraken, die das Schiff zum Grund der unberechenbaren See reißen wollten. Sturm und Strudel, Feind und Ungeheuer konnten ihm doch nichts anhaben.
Wie von Geisterhand schwebt das Schiff drei Handbreit über dem Wasser zu neuen Ufern. Niemand kann es erklären und niemand kann davon berichten.
Denn das Schiff überlebte und sieht einen neuen Morgen. Doch die Besatzung ging in dunkler Nacht von Bord.

Furcht lähmt den Körper.
Und auch der Hüne, der trotzig allem die Stirn bietet, das ihn bedroht vermag die Ketten nicht zu sprengen.
Der Krieger, der aller Feinde wütender Albtraum ist, zerschmettert, was sich entgegenstellt und unbeirrbar wie furchtlos seinen Weg durchs Leben geht, immer auf sein Ziel zu, erzittert. Einem vergifteten Pfeil gleich bohrt sich die Angst durch die Rüstung aus Mut und Kraft, durchs Fleisch ins Herz.
War er auch die ganze Nacht auf Jagd, Feinden oder wildem Getier auf der Spur war er frei von Sorge um Leid und Tod.
Die Nacht ist nicht sein Feind. Es ist der Morgen, den er fürchtet.

„Lass es doch erst einmal Sommer werden.“ flehte ich, glitzernde Tränen in den Augen.
Angst im Nacken, zu verlieren, was mir Kraft und Freude gab.
Angst zu verlieren, zu verlieren, was mein Leben doch so schön, so sinnvoll machte und Winters Kälte vertrieb.
So glücklich war ich doch, wie zerrüttet, als jäh das Ende kam.
„Lass es doch erst einmal Sommer werden.“ sagte ich.
Durch den Spiegel meiner Tränen sah ich die Bäume erst Blüten, dann Blätter tragen.
Jetzt ist Sommer, die Tränen fast trocken und doch sitze ich hier allein.

Mit jedem Schnitt wird die Wunde tiefer.
Vergessen sollten all die alten Narben sein.
Weggeweht von guten Winden wich
Winterskälte Sommerlicht.
Doch trunkener Taumel führt zum Sturz, so bricht aus neuen Wunden heißes Blut.
Vergossen wurde es nur, ein Blümlein zu tränken, das sich vergeblich nach Wasser reckte.
Doch das Gift der tückischen Klinge benetzte den Lebenssaft und ließ das Blümlein zugrunde gehen.
Am Wegesrand fordern die Wunden, tiefer mit jedem verzweifelten Schnitt, um Rettung und Heilung bemüht, Tribut. Nichts genützt hat alles grimmige Sinnen, ein Leben zu wahren, als die gute Gabe tödlich war.

Nur die Augen lachen nicht, denn sie sind der Spiegel der Seele.
Täglich das zu tun, was Freude bereitet und dabei zu lachen, ist ein wertvolles Gut.
Doch sinnlos, wenn es nur der Mund ist, der lacht.
Freude zu schenken ist ein wertvolles Gut. Doch scheint es sinnlos, teilt man sie nicht.

Stark das Tagwerk anzuheben ist ein wertvolles Gut. Doch alles scheint sinnlos in dem Moment, da sich wieder dunkle Wolken über das Gemüt ziehen.
Nur die Augen lachen nicht, sehen sie doch die Seele weinen.

Die alten Briefe brennen. Ihr Rauch macht meine Augen feucht.
Schon steht der Schrank in Flammen, der die süße Last verwahrte und verschloss. Fern von Licht und sehnsüchtigen Blicken, verstaubten dort die Worte von Liebe und Glück. Sie wurden nie verschickt. Oder kamen ungelesen, ungeliebt, verschlossen und entwürdigt zu mir zurück.
Die Tränen löschen langsam die Flammen der giftigen Liebe, die im Herzen und im Papier zu meinen Füßen unter Schmerzensschreien verbrennt.
Die alten Briefe brannten.
Und die Asche gepresst und geschliffen zu Diamanten, gefasst vom gebrochenen Herzen aus Gold soll für immer ein glänzendes Zeugnis vom Schmerz, von Gruß und lieben Worten sein.

Die letzten Tränen trocknen, vergossen, die Fehler eines guten Menschen zu beweinen.

Wie oft schon war ich es selbst, der trunken von Dionysos´ Freuden in Ungnade fiel?

Doch wie zum Hohn ist heute der Richterstuhl mein verhasster, mich geißelnder Platz. Ist es die Strafe für meine Sünden, Richter des Freundes zu sein?

Spieglein, Spieglein an der Wand.

Worte ziehen warm im Wind dahin, streichen über Baumes Äste.
Stock und Stamm berühren sie und lassen Blüten sprießen am kahlen Zweig. Gehört sind sie, gefühlt, gebraucht wie Sonnenstrahlen, schenken Licht und Wärme.
Wie aus goldenen Fäden gesponnen sind sie es, die das allseits bewunderte Kleid jenes starken Baumes nähen. Fürstengleich ist sein Anblick. Und aller Macht und Pracht und warmer Wörter Winde zum Trotze spürt er an seinen Wurzeln Kälte.

Das Mondlicht bricht durch die Wolken, doch noch ist die fahle Scheibe am Nachthimmel nicht zu sehen. Rastlos blickt der Krieger ins endlose Gestirn und dann wieder in das Feuer, das knistert und hell brennt. Es spendet Wärme, solang es nicht wächst und Tod und Verwüstung bringt.
Rastlos blickt er wieder in die unendliche Weite. Nutzlos ist er ohne Kampf.

Blutrot leuchtete der Himmel, als die Sonne hinter den Hügeln verschwand.
So anders und doch so gleich wie die Strahlen, die den Sommertag in all seiner Pracht morgens ankündigten.
So jäh war er vorbei.
So kalt, so schrecklich bricht die Nacht herein. So dunkel sind die Träume, so düster ist das Herz.
Kehlig bellend schrecken Rehe, als mit blutrotem Schimmer der Tag zu Ende ging.

„Eint euch, Söhne der Menschlichkeit! Lasst eure Klingen in den Reihen des Bösen blutige Ernte einfahren und Gleiches mit Gleichem vergelten!"
So schrie der Heerführer, hoch auf seinem Schimmel, den Soldaten Mut an, wohl wissend, dass bald die zu Mördern werden, die seinen Rufen folgen.
Wohl wissend, dass die, die nicht bald morden, sterben.
Wohl wissend, dass das Gute das blutigste Opfer seines Schlachtrufs nach Menschlichkeit und Rache wird.
Und wenn sämtliche Menschlichkeit zerschmettert am Boden liegt, niedergeritten von Rachewahn, Missgunst und wilder Wut, fragt man den Heerführer nach dem Grund für all das Leiden und nach der Menschlichkeit.
Und er sagt: „Menschlichkeit ist das, was du hier bluten siehst, es ist, was der Mensch macht und mag."

Ein Schrei zerbricht die Stille im nächtlichen Wald.
Von den dunklen Tannen, düster, doch vertraut widerhallt der Schrei, der Schmerz, das Leid. Mein Feuer ist abgebrannt, die Kohle glüht und spendet Wärme und Geborgenheit. Wo ein Feuer ist, ist ein Zuhause.
Doch allein kann ich nicht leben.
Ich springe auf.
Der Schmerzensschrei des Freundes ist mein Weg, sein Lachen das Ziel.

Durch welche Täler wanderst du?
Wessen Blicke schätzen dich ab?
Wer tut dir weh, in Wort und Tat?
Welches Lachen nahm dir den Mut?
Wann brach der Boden?
Warum scheiterst du?
Es liegt an dir.
Auf welche Berge steigst du nun?
Wessen Blicke zeigen Stolz?
Wer tut dir gut, in Wort und Tat?
Welches Lachen verbessert deinen Tag?
Wann wurdest du gehalten?
Warum wächst du?
Durch die eigene Hölle zu gehen, ist nicht einfach. Die Wege bleiben schwer, wenn man sie allein geht, doch nicht in Begleitung.

Sternenlicht, rein und erhaben.
Mondlicht, fahl und friedlich.
Dunkelheit, bedrohlich und unnahbar.
Alle ziehen gleichzeitig über das Land und schaffen ihr eigenes geliebtes, gefürchtetes Gebilde am Gestirn, die Nacht.
Die Nacht, die den Tag ins Reich des Vergangenen verbannt, nur damit eine neue Sonne auf neue Taten scheinen kann. Der Nacht gehören die Gedanken.
Was ist geschehen, was hat der Tag gebracht, durchlebt, gesehen?
Was musste er ertragen?
Was hat ihn schön gemacht?
Was schreibt die Zeilen, die nun die Nacht im Vertrauen liest?
Welche Gefühle sind die Tinte?
Und wann enden sie und lassen Träumen Platz? Schlaf gut, schöne Seele, die Nacht ist dein Freund.

Traum um Traum fällt sterbend unter den Salven von Schmerz, Hass und Zweifeln.
Niedergestreckt, verachtet und bespuckt von einer Realität, die nur durch Träume Leben wird.
Wer rüttelte den Schläfer wach und nahm den Traum, der Freude schenkte, an die Hand und führte ihn ins Reich des Vergessens?
Rauschend, wie eine Espe in der Brise, brechen Wellen über die Schlachtbank der Träume.
Wo starben sie?
Wer hat es gesehen?
Wo liegen sie begraben?
Die alten Gräber stehen leer.

Die Tinte, mit der die Worte, die das Herz diktierte, geschrieben wurden, trocknet langsam auf dem Papier. Sanft, wie ein warmer Wind im Sommer, mögen zarte Worte deine wunderschöne Seele umspielen und dir Wärme und Liebe geben, wenn meine Arme es nicht können.
Ein Haus aus warmen Worten.
Eine Umarmung durch Poesie.
Ein Versprechen auf Papier.
Mein Herz im Kuvert.
Ein Liebesbrief für dich.

Du bist der Span, der die Glut entzündet und eine kleine Flamme züngeln lässt.
Du bist das Scheit, das die kleine Flamme nährt und hell lodern lässt.
Du bist das Holz, das lange Wärme spendet und Glut und Feuer am Leben hält, am Züngeln, am Lodern und Brennen.
Du schürst das Feuer, das mein Herz wärmt. Und wie ein Waldbrand lässt du mein Herz, mein Leben brennen, schenkst Licht und Wärme, unbändige, bedingungslose Kraft und Energie für Großes, das doch nur dir gilt.
Dir, die du mein Herz am Brennen hältst.

Unbezähmbar, wilden Wogen gleich, schlagen die Flammen der Liebe aus dem Körper, der sie nährt.
Sie verbrennen Freund und Feind.
Sie verbrennen gleichsam Geliebtes und Verhasstes.
Die Hand, die sie nährt.
Den Körper, der sie trägt.
Das Herz, das sie entzündete, um zu wärmen und zu schützen.

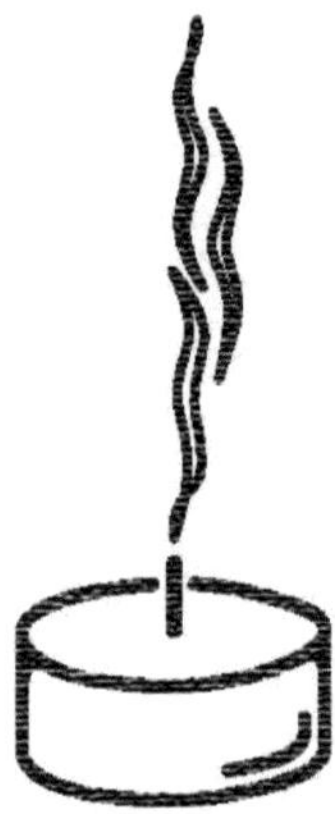

Die innere Grotte der Gefühle, Sorgen und Schmerzen ist so finster wie die Nacht, die dem Sonnenaufgang draußen vor ihr wich.
Ungeachtet dessen lassen die Schattenspiele an der Wand die Sekunden zu Jahren werden und die Stunden zur Ewigkeit.
Und auch, wenn das Dunkel die Hand verschlingt, die den Weg zur Sonne zeigen will, ohne Furcht verirrt auf dem Weg, die Finsternis mit Fackelschein zu teilen, so lässt sie doch ein kleines Licht im Dunkeln stehen.

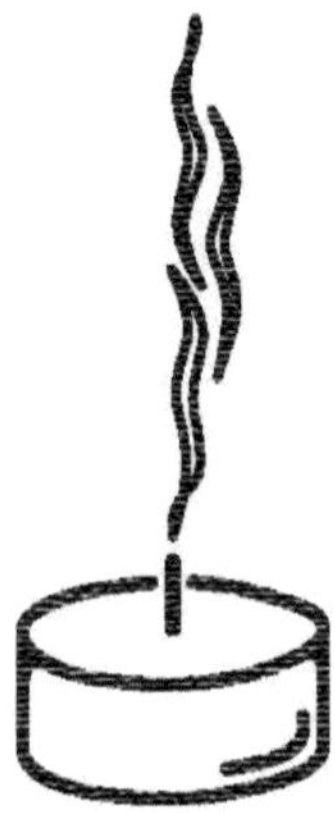

Wie ein Film spielen sich vor dem inneren Auge die Szenen, Momente und Erinnerungen ab. Sorglos scheinen sie, sorglos waren sie nicht. Doch Sorge um Verlust macht man sich nur, wo man besitzt.
Und ob man besitzt oder nicht, besessen hält man, was da ist.
Sie waren nicht sorglos, doch waren sie Träume, die wahr wurden, dann Zweifel und schließlich Angst.
Angst zu verlieren, was ist und war.
Nur die Erinnerung bleibt immer.

Was ist der Grund, dass ich dich traf?
Dass ich dein Licht kurz teilen darf?
Die Finsternis?
Oder bin die kleine Kerze ich?

Ich will fragen. Ich frage.
Die Antwort antwortet nicht.
Doch sie zeigt Leid.
Ich will helfen. Ich helfe nicht. Nicht mehr. Nichts wünsche ich mir sehnlicher als ein Lächeln. Doch ich sehe nur Leid.
Ich spüre es, wie eine kalte Hand an zwei warmen Herzen, die erkalten ohne je zusammen geschlagen zu haben. Glücklich und dankbar für das, was einmal war, aber nie sein wird, was das Glück versprach, bevor der Pflug des Lebens die Furche zwischen uns zog und das Schicksal Leid säte.

Winterwinde treiben Einsamkeit über das selbe Land, dem sie Geborgenheit brachten, als die Tage länger waren.
Wärme schenkte Erinnerungen, die lebendiger sind als das Herz, das sie trägt.
Kampf machte es müde, als im Herbst die Blätter fielen und es die Bäume stark, doch bar all ihrer Pracht dem Winter überließ.
Einsamkeit ist der Preis, den Sommers Licht und Frühlingstaumel nun kosten soll.
Einsam ist die Seele, die noch in der Wärme taumelte, als der Sturm aufzog.
Einsam ist der Baum ohne Blätter, ohne sein Licht.

Die Verse sollten anders klingen.
Eros´ Pfeile wollten Stifte sein und sich, von der Seele geführt, Tänzern gleich über das Blatt bewegen und Poesie erschaffen, die hell dein Loblied singt.
Ein Held zu sein in süßem Wort und großen Taten war ungeachtet allen Rats das Ziel.
Nun schwingen Verzweiflung, Zweifel und die kalte Angst eine knöcherne Feder, die mit Herzblut das tragische Epos schreibt, dessen Held sich am Ende verzehrt und einsam sein Heldentum zu Grabe trägt.

Wann war die Zeit, ein Held zu sein, vorbei? Wann erzählten die neuen Tage nur noch die selbe Geschichte? Wann platze der Traum von Unendlichkeit? Wann endete der Sommer?
Wann schlich sich der Winter ein?
Wann wurde aus genug zu viel?
Wann Zweifel aus Trost?
Wann endet der Kampf für ein bisschen Glück? Wann weicht Hoffnung der Gewissheit?
Wann wird die wogende See der Gefühle das Schiff zum Ziel bringen, oder verschlingen? Wann wird der Traum zu Ende sein?

Tropfen für Tropfen nährte verdorrtes Land. Wie ein Held gefeiert ließ der Regen seine Gaben stetig auf die Erde niedergehen.
Bestärkt von Dankbarkeit, bestärkt von Wertschätzung. Weiter, immer weiter.
Weder die besorgten Blicke in die Wolken sah er, noch hörte er die leisen Zweifel.
Und als die Karren in nassen Straßen steckten, die Felder faulten im gleichen Nass, das sie wachsen ließ und alles Leben Schutz suchte, wandelte sich die Dankbarkeit in Sorge, die Wertschätzung in Leid und die reichen Gaben in eine Bürde, die zwar die Dürre besiegte, doch wie das Schicksal es will, war des Guten zu viel.

Ein Lächeln, das die Welt erhellt.
Ein Lächeln, das Helden schafft und auch bezwingt.
Ein Lächeln, das mein Herz berührt.
Ein Lächeln, das alle Einsamkeit vertreibt.
Ein Lächeln, das süchtig macht nach mehr. Ein Lächeln, rein und klar wie Edelstein.
Ein Lächeln, unbezahlbar, unersetzbar unerreichbar.
Meine Welt für dieses Lächeln.

Ich wäre gern dabei, aber ich halte es nicht aus. Ich wünsche mir den Zauber zurück.
Aber das sind Kinderträume.
Es ist nicht, als hätte ich keinen Platz am reich gedeckten Tisch, beim Fest.
Doch der Platz, der meiner sein soll, schmerzt. Ich wünsche mir den Zauber zurück.
Kurz lässt die Straßenlaterne die Träne auf meiner Wange aufblitzen, während ich auf meinem Weg zu vergessen an Lichter, Lachen und kindliche Freude denke.
Ich wünsche mir den Zauber zurück.
Sie singen. Ich singe.
Oh stille Nacht, einsam wach.

Verloren in Erinnerung.
Verlassen von Geborgenheit.
Beraubt der Sorglosigkeit.
Betrogen vom Wunsch nach mehr.
Fliehend vor der Wahrheit.
Eingeholt von Gewissheit.
Ein ungleicher Tausch, ein schöner Traum im Zwielicht.
Das Teuerste verschenkt, für einen Schimmer am Horizont.
Für immer sollte letzter Frühling sein, für mehr nie bereit.
Es hätte genügt.
Wann drehte sich das Rad der Zeit?

Der Platz ist leer.
Der Platz, an dem du immer saßt.
Am Ort, an dem wir immer saßen.
Sprachen.
Laut oder wortlos weinten und lachten.
Und eines hatten wir gemein, zusammen waren wir weniger allein.
Jetzt bist du fort und ich gedenke all der Zeit, die Wachstum und Glück sah und nun Abschied und mein ungeteiltes Leid.

Als ich sagte, „lass uns nie wieder aufstehen", wir hätten liegen bleiben sollen, Arm in Arm, am See, der die Träume noch heute in seinen Fluten hält.
Als ich sagte „Ich bleibe bei dir und gebe auf dich acht", ich hätte wissen müssen, dass unsere Straße Kurven schlägt.
Als ich sagte „Leb wohl" und dir wünschte, die Sonne soll in deinem Rücken stehen, sahst du die Regenwolken?
Und als ich sagte „Wenn der Herbst kommt, sollen seine Winde bunt Platz schaffen für das neue Leben", wir hätten ahnen sollen, dass schon der Frühling im Griff des letzten Eises zart, doch strebsam Neues bringt.

August. Der Motor dröhnt. Fahrtwind streift mein Gesicht. In der Luft liegt ein Hauch von dir.
Die Sonne sinkt in meinem Rücken. Vor mir dunkle Wolken, angestrahlt in bunten Farben vom letzten Licht.
Ungewiss, doch wunderschön liegt die Straße vor mir.
Du gehst mit dem Wind mir entgegen, zur Sonne in dein Glück.
Ich fahre in den Morgen.

Spiegel.
Sagen, du bist gut genug.
Der Blick zurück, Selbstbetrug.
Der Blick nach vorn, ungewiss.
Du weißt nicht, wo du morgen bist.
Der Weg, selbst gewählt.
Die Geschichte, nie erzählt.
Dem Leid stark entsagt.
Die Gründe niemals hinterfragt.
Den Gang der Dinge akzeptiert,
neue Richtungen probiert.
Die Seele oftmals ausgeweint.
Es ist besser, als es scheint.